BEI GRIN MACHT SICH I
WISSEN BEZAHLT

- Wir veröffentlichen Ihre Hausarbeit,
  Bachelor- und Masterarbeit

- Ihr eigenes eBook und Buch -
  weltweit in allen wichtigen Shops

- Verdienen Sie an jedem Verkauf

Jetzt bei www.GRIN.com hochladen
und kostenlos publizieren

Bibliografische Information der Deutschen Nationalbibliothek:

Die Deutsche Bibliothek verzeichnet diese Publikation in der Deutschen National-
bibliografie; detaillierte bibliografische Daten sind im Internet über http://dnb.d-
nb.de/ abrufbar.

Impressum:

Copyright © 2018 GRIN Verlag
Druck und Bindung: Books on Demand GmbH, Norderstedt Germany
ISBN: 9783668625075

Dieses Buch bei GRIN:

https://www.grin.com/document/388595

Anonym

Wie wichtig sind Wirtschaftscluster für eine Nation in Zeiten der Globalisierung?

GRIN Verlag

GRIN - Your knowledge has value

Der GRIN Verlag publiziert seit 1998 wissenschaftliche Arbeiten von Studenten, Hochschullehrern und anderen Akademikern als eBook und gedrucktes Buch. Die Verlagswebsite www.grin.com ist die ideale Plattform zur Veröffentlichung von Hausarbeiten, Abschlussarbeiten, wissenschaftlichen Aufsätzen, Dissertationen und Fachbüchern.

Fakultät 5, Lehrstuhl: Kooperation und Netzwerkmanagement

CLUSTER

Wie wichtig sind Wirtschaftscluster für eine Nation in Zeiten der Globalisierung?

Inhaltsverzeichnis

I. Abkürzungsverzeichnis

etc.	et cetera
ggf.	gegebenenfalls
Mio.	Millionen
Mrd.	Milliarden
S.	Seite
usw.	und so weiter
vgl.	vergleiche
z. B.	zum Beispiel

II.   Abbildungsverzeichnis

1 Einleitung

Durch die Globalisierung und Digitalisierung sind die Rahmenbedingungen der Wirtschaft verändert, so können Informationen über große Entfernung durch Nutzung der Technologie einfacher ausgetauscht werden, trotz dessen wird festgestellt, dass wirtschaftliche Aktivitäten eines Landes häufig regional stattfinden (vgl. Hauser, 2017, S. 2). „Zwei in der aktuellen dynamischen und globalen Umwelt von der Wissenschaft viel diskutierte und in der Praxis häufig gelebte Kooperationsformen sind das Netzwerk und das Cluster." (vgl. Beyer, 2015, S. 25).

Die Bezeichnung für Cluster wurde in den 1990er Jahren durch den Ökonomen Michael E. Porter standardisiert. Seine Grundidee war es, dass Clusterkonzepte, die insbesondere in den klassischen Theorien (Strukturalismus, Regulations- und Werttheorie, etc.) ihren Ursprung hatten, aufgegriffen und nicht nur als analytischen Ansatz, sondern vor allem als Politik- und Managementstrategie konzipiert werden. Gegenwärtig wird der Mehrwert des Clusterkonzepts insbesondere darin gesehen, dass es verschiedene Perspektiven zur Erklärung industrieller Agglomerationen innerhalb eines Raumes zusammenführt und damit kognitiver Wissenstransfer ermöglicht wird. In diesem Sinne wird auch in der vorliegenden Arbeit der Begriff des regionalen Clusters verwendet. Zugrunde liegt also nicht das ursprüngliche Konzept von Porter, sondern ein umfassenderes Konzept, welches regionale Cluster als reale Phänomene industrieller Agglomerationen versteht.

1.1 Zielsetzung der Arbeit

Die Hauptaufgabe der vorliegenden Arbeit besteht darin, die Wichtigkeit über den Nutzen eines Clusters einer Nation im Zeitalter der Globalisierung zu analysieren und Möglichkeiten und Grenzen aufzuzeigen, die mit der Clusterbildung und -entwicklung einhergehen. Das genauere Ziel dieser Arbeit ist es, die Vor- und Nachteile, die sich aus der räumlichen Zusammenballung und Vernetzung von Unternehmen bzw. Institutionen ergeben können, zu analysieren und anhand der Cluster Beispiele zu untersuchen, ob und in welchem Maße diese gegeben sind. Dabei interessieren Fragen wie die nachfolgenden: Welche Merkmale zeichnen ein Cluster aus? In welchem Maße hat sich die Globalisierung in den letzten Jahren erweitert?

Kann eine Nation auf Cluster verzichten bzw. wie würde es aussehen, wenn es keine Cluster gäbe?

1.2 Aufbau der Arbeit

Um diese Fragen systematisch abhandeln zu können, wurde diese Hausarbeit in vier Kapitel unterteilt. Das erste Kapitel soll die Merkmale eines Clusters und der Globalisierung zunächst theoretisch und begrifflich in den Ausgangspunkten definieren. Im zweiten Kapitel folgt eine Analyse über die Auswirkungen der Globalisierung auf die Nation und auf einzelne Branchen. Im dritten Kapitel wird insbesondere auf die Grundlage der Wirtschaftscluster, die Vorteile durch Stärkung einer Branche oder Erhöhung des Marktanteils, sowie die Innovationsfähigkeit und Produktivitätssteigerung eingegangen, gleichzeitig sollen daraus Nachteile analysiert werden. Im vierten Kapitel wird auf die Relevanz von Branchenclustern in einer Nation und die Spezialisierung mit Beispiel von Clustern mit hohem weltwirtschaftlichen Anteil eingegangen, um zu einem geeigneten Fazit zu gelangen.

Mit einem Fazit aus den zuvor genannten Kapiteln soll die Hausarbeit im letzten Kapitel fünf einen kleinen Ausblick gewähren, wenn Firmen oder Branchen überlegen ihren Standort zu ballen oder international zu agieren.

1.3 Forschungsfrage

Wie wichtig sind Wirtschaftscluster für eine Nation in Zeiten der Globalisierung?

2.1 Cluster

Der Begriff „Cluster" wird in unterschiedlichen Bereichen verwendet. In dieser Forschungsarbeit handelt es sich um das Cluster, welches in Zusammenhang mit der Wirtschaft steht. Damit ist die geografische Ansammlung von Akteuren wie Unternehmen einer gleichen bzw. verwandten Branche gemeint. Die Definition von Porter hat sich in diesem Aspekt der Clusterforschung durchgesetzt (vgl. Beyer, S. 28). Porter definiert Cluster wie folgt: „Clusters are geographic concentrations of interconnected companies, specialized suppliers, service providers, firms in related industries, and associated institutions (for example, universities, standards agencies, and trade associations) in particular fields that compete but also cooperate." (vgl. Porter, 2008, S. 213).

Barth definiert Cluster wie folgt: „Ein (Wirtschafts-)Cluster ist eine geographische Konzentration von eng kooperierenden, aber rechtlich unabhängigen Unternehmen und/oder Institution zur Stärkung der Wettbewerbsfähigkeit in einem bestimmten Wirtschaftsbereich." (vgl. Wodja, Barth 2006, S. 6).

Ein Cluster hat häufig die Eigenschaft, dass Unternehmen, die miteinander im Wettbewerb stehen oder Unternehmen einer Wertschöpfungskette, vertreten sind (vgl. Hartmann, 2016, S. 76). Die geografische Reichweite eines Clusters ist keine festgelegte Größe. Cluster können städtische, regionale oder nationale Dimensionen haben (vgl. Porter, 1998b, S. 3). Um die Vorteile eines Clusters nutzen zu können, wie zum Beispiel die Wettbewerbsfähigkeit und Steigerung der Innovationsfähigkeit, braucht ein Cluster eine gewisse kritische Masse als Grundvoraussetzung (vgl. Porter, 1998a, S. 79).

Es kann zwischen drei Arten von Clustern unterschieden werden, die für die jeweilige Volkswirtschaft unterschiedlich relevant sind. Rohstoffcluster (z. B. Forstwirtschaft oder Bergbau), lokale Cluster (z. B. persönliche Dienstleistungen oder örtliche Bauwirtschaft) und exportierende Cluster (z. B. medizinische Geräte oder Finanzdienstleistungen, welche in viele andere Länder bzw. Regionen liefert). Bei der Wahl ihrer Standorte sind Rohstoffcluster und lokale Cluster nicht frei in ihrer Entscheidung. Daher haben insbesondere exportierende Cluster eine entscheidende Relevanz bei der Wirtschaftsentwicklung (vgl. Cernavin et al.,

2005, S. 22). Durch das Zusammentreffen der Akteure können Unternehmen mit den öffentlichen Behörden und Bildungseinrichtungen agieren, netzwerken und kooperieren. Somit kann die Wettbewerbsfähigkeit und Innovationskraft gesteigert werden. Ein großer Vorteil für Unternehmen in Clustern ist der Wissens- und Erfahrungsaustausch, welcher sich durch die geografische Nähe und die Verflochtung der Akteure sehr gut durch Face-to-Face Aktivität anbietet (vgl. Hauser, 2017, S. 2).

Rosenfeld (1997) fasst die wichtigsten Merkmale eines Netzwerks zusammen:

1) Netzwerke sind in sich geschlossen, das heißt die Mitgliedschaft ist beschränkt,

2) sie werden durch Kooperation dominiert und basieren nicht auf Wettbewerbsstrukturen,

3) sie verfolgen gemeinsame Ziele,

4) sie sind durch Verträge geregelt,

5) sie beschleunigen komplexe Geschäftstätigkeiten und

6) ermöglichen Zugriff auf spezielle Ressourcen zu niedrigeren Kosten. (vgl. Rosenfeld, 1997, S. 9)

Besonders weit entwickelte Netzwerke stellen Branchencluster dar. Dabei werden Unternehmen einer spezifischen Branche, unabhängig davon in welchen Teil der Wertschöpfungskette sie tätig sind, zusammengefasst. Dazu gehören unter anderem auch Zulieferer, Wissenschafts- und Forschungseinrichtungen, sowie Dienstleister und Berater, welche mit der Branche verknüpft sind. Gehäuftes Spezialwissen und ein dementsprechend gebildetes Arbeitskräftepotenzial sind in Branchenclustern anzutreffen und stellen gute Grundlagen für andere Betriebe dar, diesen Standort für sich zu nutzen. Der Kern des Branchenclusters kann ein Großunternehmen mit Zulieferern sein oder auch mehrere zusammenarbeitende mittelständische und junge Unternehmen in einem innovativen Milieu (vgl. Böhle, 2016, S. 85).

2.2 Globalisierung

Die Globalisierung wird seit Jahrzehnten als rasante Veränderung in Wirtschaft, Politik und Kultur charakterisiert, die sich der Welt ausgesetzt sieht (vgl. Müller, 2002, S. 7).

Abgesehen von der politischen Erklärung lässt sich Globalisierung also als eine räumliche und zeitliche Ausdehnung sozialer Praktiken über staatliche Grenzen, die Entstehung transnationaler Institutionen und Diffusion kultureller Muster beschreiben. Eine Entwicklung, die sich anders als bei einer Modernisierung, durch den Tiefgang, ihre Geschwindigkeit und Reichweite von konventionellen Formen unterscheidet. Die Dynamik, welche die Globalisierung voranbringt, wird durch mehrere Faktoren begünstigt wie zum Beispiel: Satellitennetzwerke, bereitgestellte kommunikative Infrastrukturen durch das Internet, sinkende Transportkosten, die Intensivierung grenzüberschreitender Kontakte, sowie exponentiell zunehmende Finanztransaktionen. Die Liberalisierung der Devisen- und Kapitalmärkte, expandierende Handelsbeziehungen, steigende Auslandsinvestitionen und weltweite Unternehmenszusammenschlüsse gelten als Indikatoren einer Globalisierungsdynamik (vgl. Müller, 2002, S. 8).

3 Auswirkung der Globalisierung

In der Geschichte der Menschheit gab es noch nie eine weltweite Vernetzung, die größer ist als die von heute. Mehr als eine Milliarde Personen reisen jedes Jahr als Touristen in andere Staaten. Güter und Dienstleistungen werden getauscht, Energie wird weltweit transportiert und auch die Kritik an der Globalisierung hat sich international ausgebreitet. Durch technische Entwicklungen werden diese Prozesse erleichtert und durch eine gemeinsame Sprache für jedermann verständlich. Sinkende Transportkosten, niedrige Energiepreise und abnehmende Zölle gehören zu den zentralen Voraussetzungen der Globalisierung. Sowohl die Kommunikationskosten als auch die See- und Luftfrachtkosten sind in den letzten Jahrzehnten massiv gesunken. Und auch das Zollniveau hat einen historischen Tiefstand erreicht. Dadurch können Unternehmen, die international agieren, eine viel größere Gewinnspanne erreichen als noch vor 20 Jahren. Lediglich die Energiekosten unterliegen größeren Schwankungen. Die Globalisierung hat in vielen Bereichen zu einer Erhöhung des Energieverbrauchs geführt.

Bezogen auf den absoluten Verbrauch war die Abhängigkeit von den fossilen Brennstoffen Öl, Gas und Kohle noch nie so groß wie gegenwärtig (vgl. http://www.bpb.de/nachschlagen/zahlen-und-fakten/globalisierung/ [03.01.2018]).

3.1 Auswirkung der Globalisierung für eine Nation

Die zunehmende Globalisierung der Wirtschaft unterdrückt einen der fundamentalen Pfeiler des Nationalstaates, nämlich den nationalen Markt. Der eigene strategische nationale Raum wird durch den stetig wachsenden globalen Wirtschaftsraum ersetzt. Der Wohlstand in Deutschland oder auch anderen Ländern hängt weniger vom Erfolg der inländischen Unternehmen, Technologien, Kapital oder der Arbeitskraft ab, sondern stärker von Unternehmen, die Mitglieder eines globalen Netzwerkes finanzieller und industrieller Konzerne sind und die auf strategische Interessen reagieren, die sich frei von nationalen Grenzen gelöst haben (vgl. Die Gruppe von Lissabon, 1997, S. 52 ff.).

Viele Unternehmen haben sich frühzeitig mit der Globalisierung auseinandergesetzt und konnten von da an größeres Firmenwachstum erreichen, wie die Entwicklung im Außenhandel von 1992 - 2016 zeigt.

Deutschland: Entwicklung des Außenhandels
Import, Export und Exportüberschuss in absoluten Zahlen, 1992 bis 2016

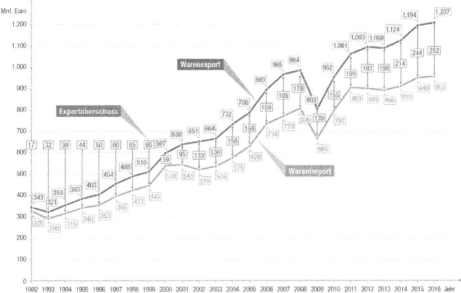

Abb.   1:   Deutschland: Entwicklung   des   Außenhandels
(http://www.bpb.de/nachschlagen/zahlen-und-fakten/globalisierung/52842/aussenhandel
[03.01.2018])

Wie man in der Grafik gut erkennen kann ist die deutsche Wirtschaft in hohem Maße
exportorientiert und damit auch exportabhängig. Fast jeder vierte Arbeitsplatz in Deutschland
hängt vom Export ab. Gleichzeitig ist Deutschland als rohstoffarmes Land auch auf Importe
angewiesen – vor allem im Energiebereich. Trotz dieser Import-Abhängigkeit liegen in
Deutschland die Warenausfuhren seit Jahrzehnten über den Wareneinfuhren. 2016 wurde ein
neuer Rekordüberschuss bei der Handelsbilanz erzielt: Der Wert der exportierten Waren war
252 Milliarden Euro höher als der Wert der importieren Waren. Insgesamt erhöhte sich der
Warenexport in den Jahren 1980 bis 2016 jährlich um 5,4 Prozent.

Nach Angaben des Statistischen Bundesamtes wurde 2016 mit 252,4 Milliarden Euro der bisher höchste Handelsbilanzüberschuss erzielt. Die hohen Handelsbilanzüberschüsse tragen maßgeblich dazu bei, dass auch die Leistungsbilanz Deutschlands seit einschließlich 2002 durchgehend positiv ist. Die Leistungsbilanz trägt verschiedene Bilanzen zusammen – unter anderem die Handels- und die Dienstleistungsbilanz. Der Leistungsbilanzüberschuss Deutschlands stieg zwischen 2003 und 2007 von 31,3 auf 169,6 Milliarden Euro an. Ebenso konnten in den Krisenjahren 2008 und 2009 mit 143,3 beziehungsweise 141,2 Milliarden Euro hohe Überschüsse erzielt werden. Bis 2012/2013 erhöhte sich der Leistungsbilanzüberschuss wiederum auf 193,6 beziehungsweise 190,4 Milliarden Euro (vgl. http://www.bpb.de/nachschlagen/zahlen-und-fakten/globalisierung/52842/aussenhandel [03.01.2018]).

3.2 Auswirkung der Globalisierung für einzelne Branchen

Die Logistikbranche hat einen neuen Aufschwung durch die Globalisierung bekommen. Die geplante Übernahme des britischen Logistik-Riesen Exel durch die Deutsche Post hat viele Anleger aufmerksam werden lassen. Branchenkenner sind überzeugt, wie in einem Interview auch Frank Straube, Inhaber des Lehrstuhls für Logistik an der Technischen Universität (TU) Berlin, sagt: „Die Konsolidierung ist in vollem Gange". Er erwartet, dass Branchenriesen wie die Deutsche Post oder die Deutsche Bahn mit ihrer Tochtergesellschaft Schenker künftig den Markt für standardisierbare Massenleistungen dominieren werden. Logistik-Giganten wie DHL, Kühne + Nagel, die amerikanische UPS oder die niederländische TNT sind doppelte Gewinner der Globalisierung. Im internationalen Frachtgeschäft sorgt der wachsende Welthandel für eine anhaltende Expansion. Im Inland zwingt der Kosten- und Rationalisierungsdruck Industrie- und Handelsunternehmen zur Auslagerung von Logistik-Dienstleistungen an die Spezialisten, die es effizienter und preiswerter anbieten können als ihre Auftraggeber.

Auf rund 165 Milliarden Euro beziffert die Fraunhofer-Arbeitsgruppe für Technologien der Logistik-Dienstleistungswirtschaft (ATL) in Nürnberg den Umsatz der deutschen Logistik-Wirtschaft. Europaweit sind es rund 400 Milliarden Euro. Amtliche Zahlen sind nicht vorhanden, obwohl die Logistik laut ATL-Angaben nach dem Fahrzeugbau, der Elektrotechnik und dem Maschinenbau die viertgrößte Branche in Deutschland wäre. Gemessen an den Erwerbstätigen-Zahlen, steht die Logistik-Branche mit rund 2,5 Millionen Beschäftigten sogar unangefochten auf Platz eins (vgl. http://www.faz.net/aktuell/

wirtschaft/unternehmen/branchen-14-logistik-die-gewinner-der-globalisierung-formieren-sich-1278431.html [03.01.2018]).

Beispiel Daimler und die Folgen der Globalisierung: Daimler galt als sicherer und großzügiger Arbeitgeber, der mehr bezahlte als andere Betriebe wie zum Beispiel die der Metallindustrie. Dies galt früher. Heute aber steht Mercedes in Konkurrenz mit Autos von Herstellern aus aller Welt. Heute müssen sich die einst stolzen Mercedes-Werker bei den Kosten mit Arbeitern aus zahlreichen Ländern vergleichen lassen. Die Käufer sind heutzutage weitaus wählerischer und schauen genauer hin, ob sie für etwas mehr zahlen möchten, nur um ein Prestige Produkt zu erlangen und ob es weitere Vorteile gibt, die andere ihnen nicht bieten können.

Diese Folgen der Globalisierung mussten schon die Arbeitnehmer der Handy-Sparte von Siemens akzeptieren und für das gleiche Geld mehr arbeiten, um die Kosten zu senken. Nur so konnten sie sich im Wettbewerb mit preiswerteren Standorten behaupten.

Der Chef der damaligen DaimlerChrysler AG Jürgen Schrempp und sein Steuermann bei Mercedes, Jürgen Hubbert, mochten die Gunst der Stunde nutzen und im Gefecht der Diskussion um Arbeitszeit und Urlaubstage ihr Sparprogramm in Sindelfingen durchführen, dabei auf Kosten der Mitarbeiter den Standort schlechter reden, als er wirklich war, obwohl die Probleme von Mercedes durch finanzielle Misserfolge bei Chrysler oder Mitsubishi teilweise hausgemacht waren.

Dennoch stellt sich die Frage, ob die bezahlten Erholungspausen von Mercedes, die jede Stunde fünf Minuten beinhalten und Schichtzuschläge schon ab zwölf Uhr mittags, heutzutage noch zeitgemäß sind (vgl. https://www.abendblatt.de/wirtschaft/article106886174/Daimler-und-die-Folgen-der-Globalisierung.html [04.01.2018]).

Dennoch verlagert Mercedes die C-Klasse-Produktion nach Amerika. Dem Daimler-Vorstand ging es dieses Mal ums Prinzip: die Produktionsstandorte Amerika und China sollen gestärkt werden.

Daimler hat sich zwar unter dem früheren Vorstandsvorsitzenden Jürgen Schrempp schon als Welt AG geriert, ist aber in seiner Ära noch kein agierendes globales Unternehmen geworden. Drei Viertel aller Autos werden hierzulande produziert, aber nur jeder vierte Mercedes wird in

Deutschland verkauft. Mit dem jetzt verkündeten Verlagerungsplan sinkt der Anteil der inländischen Produktion auf 60 Prozent.

Werke in Amerika und Asien auszubauen bedeutet, näher an die Abnehmer zu rücken. In manchen Fällen, etwa in China, wird diese Marktnähe durch Zollschranken geradezu erzwungen. Im Fall von Amerika zieht Daimler ein weiteres Argument heran: den nachhaltig schwachen Dollar, der einen Mercedes jenseits des Atlantiks immer unerschwinglicher gemacht hat und zugleich die Margen des Unternehmens schrumpfen ließ (vgl. http://www.faz.net/aktuell/wirtschaft/unternehmen/c-klasse-produktion-verlagert-daimler-probt-die-globalisierung-1892696.html [04.01.2018]).

Daraus kann geschlussfolgert werden, dass Unternehmen grundsätzlich Gewinne aus der Globalisierung entnehmen können, aber jedes Unternehmen, ob klein oder groß sich Gedanken machen muss über den Ausbau von internationalen Standorten und der daraus folgenden internationalen Konkurrenz.

4 Wirtschaftscluster zur Stärkung einer Branche

4.1 Vorteile von Clustern

Wissens- und Erfahrungstransfer

Durch das Zusammentreffen der Akteure können Unternehmen, öffentliche Behörden und Bildungseinrichtungen miteinander agieren, netzwerken und kooperieren, wodurch die Wettbewerbsfähigkeit und Innovationskraft gesteigert werden kann. Ein großer Vorteil für Unternehmen in Clustern ist der Wissens- und Erfahrungsaustausch, welcher sich durch die geografische Nähe und die Verflochtung der Akteure sehr gut durch Face-to-Face Aktivität anbietet (vgl. Hauser, 2017, S. 2).

Implizites Wissen kann nur im persönlichen Kontakt übertragen werden und ist schwierig zu übertragen, da es nicht explizit angegeben wird (vgl. Rallet/Torre, 1999, S. 375 ff.). Cluster bieten deshalb eine gute Rahmenbedingung, um persönlichen Austausch zu ermöglichen und regen daher den Wissensaustausch an. Explizites Wissen hingegen kann unabhängig von der Entfernung ausgetauscht werden durch Nutzung von Kommunikationstechnologien und ist für jeden greifbar und aufrufbar (vgl. Rallet/Torre, 1999, S. 375 ff.).

<u>„Cafeteria Effekt"</u>

In Clustern werden häufig Informationen zufällig und ungezwungen unter Mitarbeitern unterschiedlicher Unternehmen ausgetauscht. Durch die geografische Nähe der unterschiedlichen Akteure bieten Cluster eine Vielzahl von möglichen Versammlungsorte wie zum Beispiel Cafés und Gaststätten, wo auf eine unvorhergesehene und unbefangene Art ein Informationsaustausch entstehen kann. Durch das gewonnene Gedankengut können Vorteile entstehen wie z. B. die schnellere Informationsgewinnung über neue Produkte, gelungene oder weniger wirksame Verfahrensweisen und das Verhalten von einzelnen Personen. Somit steigt die Wahrscheinlichkeit für Unternehmen, die in einem Cluster angesiedelt sind, ungeplant nützliche Informationen durch den Wissensaustausch zu erhalten gegenüber Unternehmen, die nicht in einem Cluster liegen. Durch den gegenseitigen Gedankenaustausch ergeben sich zahlreiche Vorteile für Unternehmen wie unter anderem die kostenlose Werbung bei der Neueinführung von Produkten und Reduktion von Suchkosten; zum anderen steigt der Druck die Qualität beizubehalten, deren Bewertung durch den schnellen Austausch der Akteure verbreitet wird (vgl. Späth, 2003, S. 60 f.).

<u>Spezialisierte Mitarbeiter</u>

Unternehmen, die in einem Cluster angesiedelt sind, haben den Vorteil leichter talentierte Mitarbeiter finden zu können, im Vergleich zu Unternehmen, die sich nicht in einem Cluster befinden. Das liegt daran, dass die Ballung vieler Unternehmen aus der gleichen Branche spezialisierte Mitarbeiter und Fachkräfte anziehen. Außerdem befinden sich häufig Ausbildungseinrichtungen in Clustern, die spezielle Fachleute ausbilden. Für isolierte Unternehmen kann die Rekrutierung von Fachkräften eine Herausforderung und mit höheren Kosten verbunden sein, da sie möglicherweise einen Anreiz anbieten müssen, um gute Mitarbeiter aus anderen Regionen heranzuziehen (vgl. Späth, 2003, S. 38 f.).

Durch den Mitarbeiterwechsel zwischen den Unternehmen in einem Cluster kann Wissen aus anderen Unternehmen hineinfließen (vgl. Hartmann, S. 84 ff.). Durch die Vermischung von Wissen aus unterschiedlichen Unternehmen, hervorgerufen durch den Wechsel von Arbeitskräften, kann vermutet werden, dass es positive Auswirkungen wie zum Beispiel Lerneffekte für das Cluster haben kann.

Kostensenkung durch Clustering

Suchkosten wie z. B. der Suchaufwand geeigneter Zulieferer und Abwicklungskosten können in einem Cluster durch räumliche Nähe und der Vernetzung der Unternehmen gesenkt werden. Bei Problemstellungen können Lösungen schneller gefunden werden, welche ebenfalls durch die räumliche Häufung und der Bekanntschaft miteinander verflochtener Akteure in einem Cluster erklärt werden können (vgl. Späth, 2003, S. 55).

Geschäftsgespräche zwischen Geschäftspartnern innerhalb eines Clusters können in direkten Gesprächen stattfinden, dadurch können weniger Missverständnisse entstehen. Hingegen sind Vereinbarungen und Verhandlungen zwischen Unternehmen, die sich in unterschiedlichen Ländern befinden aufwendiger, da z. B. detaillierte Verträge in einer ggf. anderen Landessprache erarbeitet werden müssen. Reisekosten können bei Zusammenarbeit von Unternehmen im selben Cluster gespart werden. Cluster regen die Gründung neuer Unternehmen an.

Durch eine höhere Produktivität können Cluster im Gegensatz zu isolierten Unternehmen Kosten einsparen (vgl. Späth, 2003, S. 22). Italienische Unternehmen in Clustern zeigten in einer Untersuchung einen höheren Return of Investment (ROI) im Vergleich zu Unternehmen, die nicht zu einem Cluster gehören (vgl. Späth, 2003, S. 21).

Wertschöpfungskette

Durch die räumliche Nähe kann ein Unternehmen günstiger Güter beschaffen, da Suchkosten, Abwicklungskosten und ähnliche Kosten gespart werden können. Unternehmen in einem Cluster können durch den Preisvorteil ihre Fertigungstiefe herunterschrauben und dadurch wirtschaftlicher sein (vgl. Späth, 2003, S. 53). Anhand der räumlichen Nähe von verflochtenen Unternehmen können Geschäftsbeziehungen besser entstehen, die zu Kooperationszwecken gut genutzt werden können. So können beispielsweise ähnlich nachgefragte Produkte gemeinsam bestellt werden (vgl. Späth, 2003, S. 56).

Je tiefer die Wertschöpfungskette ist, desto beliebter ist die netzwerkartige Unternehmensorganisation. Branchen mit einer langen Wertschöpfungskette können daher von einem Cluster profitieren, da dort ein Netzwerkcharakter öfters existent sein kann. Unternehmen können einzelne Komponenten bei Spezialisten im selben Cluster auslagern, um trotz der tiefen Wertschöpfungskette eine hohe Qualität liefern zu können (vgl. Späth, 2003, S. 80).

4.1.1 Innovationsfähigkeit durch Clustering steigern

Innovationsfähigkeit, Wachstum und Wettbewerbsfähigkeit können von lokalen Konventionen und Vertrauensbeziehungen als Institution anhand von Wissensgenerierung gesteigert werden (vgl. Kortum, 2016, S. 49).

Es konnte ein positiver Zusammenhang zwischen Produktivität verbunden mit einem höheren Lohnniveau, Innovationsfähigkeit und Clusterbildung von Unternehmen in empirischen Studien von Porter (2003) nachgewiesen werden (vgl. Kortum, 2016, S. 71).

Territorial begrenzte wettbewerbsfähige Volkswirtschaften haben das gemeinsame Charakteristikum, dass durch gegenseitige Konkurrenz zwischen Unternehmen einer Volkswirtschaft ein hoher Wettbewerb besteht. Aufgrund seiner regionalen Natur empfindet Porter diesen Wettbewerb motivierender als einen Konkurrenzkampf zwischen ausländischen Unternehmen. Die Unternehmen werden durch diesen Wettbewerb zu stetiger Innovation gedrängt, wodurch eine bessere Qualität und größere Wettbewerbsfähigkeit der Unternehmen des Clusters (bzw. des Territoriums) entsteht (vgl. Dannenberg, 2007, S. 32).

„Statische Standortvorteile werden also aufgehoben und die Unternehmen zur Entwicklung dynamischer Vorteile gezwungen." (vgl. Dannenberg, 2007, S. 32).

Die Innovation (bezüglich erteilter Patente) in exportierenden Clustern ist ein wichtiger Faktor, denn dort ist sie am höchsten, im Vergleich zu lokalen Clustern und Rohstoffclustern. Innovationen können zu einer verbesserten Produktivität beitragen. Gleichzeitig ist kein Unternehmen isoliert, sondern benötigt ein Innovationsnetzwerk, das wertvolle Impulse gibt und im Rahmen von gemeinsamer Forschung und Entwicklung Innovationen vorantreibt. (vgl. Cernavin et al., 2005, S. 22 f.).

4.1.2 Produktivitätssteigerung durch Cluster

Eine Produktivitätssteigerung kann erzielt werden durch eine Verbesserung der Arbeitsbedingungen, da diese eine höhere Arbeitermotivation und geringere Fluktuation zur Folge haben (vgl. Kortum, 2016, S. 277).

Eine besonders große Produktivität herrscht in exportierenden Clustern. Dort ist sie wesentlich höher als in lokalen Clustern. Auch die durchschnittlichen Löhne sind in exportierenden Clustern signifikant höher. Produktivität kann durch Innovationen gefördert werden (vgl. Cernavin et al., 2005, S. 22 f.).

Wettbewerbsfähigkeit

Die Verbesserung der Wettbewerbsfähigkeit einer Wirtschaftsregion ist das Ziel der Clusterpolitik. Erlangt werden kann dies durch den besseren Einsatz der beziehbaren Ressourcen (Kapital und Arbeit), dadurch dass Anregung von Produktivität in neuen Branchen, Innovationen, Entwicklung neuer Technologien und Methoden betrieben wird. „Cluster sollen also erfolgreicher werden." (vgl. Dannenberg, 2007, S. 171). Es ist zwar nicht das oberste Ziel, aber daraus kann eine Zunahme an Unternehmen resultieren (vgl. Dannenberg, 2007, S. 171).

Die Inlandsnachfrage nach Produkten oder Dienstleistungen einer Branche generiert einen Qualitätsdruck. Produzenten werden durch den Qualitätsdruck der Nachfrageseite dazu gedrängt die Innovationen und deren Realisierung durchzuführen. „Cluster entstehen, weil sie die Produktivität der Unternehmen erhöhen, mit der sich diese im Wettbewerb behaupten." (vgl. Dannenberg, 2007, S. 32).

Aus der Kumulation von Unternehmen des gleichen Wirtschaftsastes bzw. Branche entwickelt sich ein spezifischer Pool an Arbeitskräften und die entsprechende Binnennachfrage. Durch eine räumliche Konzentration gestaltet es sich einfacher sowie wirtschaftlicher die dazu notwendige Infrastruktur zu errichten. In einer positiven Konstellation kann ein sich selbst verstärkender Prozess entstehen. Dabei siedeln sich fortlaufend mehr dem Cluster wirtschaftlich nahestehende Unternehmen an und lassen spin-offs entspringen (vgl. Dannenberg, 2007, S. 32).

Die Wettbewerbsfähigkeit der in den Clustern eingebundenen Einheiten kann erhöht werden durch verbesserte Lösungen und Innovationen von Prozessen wie auch Produkten. Eine solche Verbesserung entsteht im Konzept der Branchen-Cluster durch den Wissensaustausch, welcher gemeinsame Lernprozesse zur Folge hat. Die Wettbewerbsfähigkeit von teilhabenden Unternehmen und ganzen Wirtschaftsregionen kann verbessert werden mittels der durch Cluster verursachten angestiegenen Produktivität (vgl. Dannenberg, 2007, S. 33).

Die engen informell-sozialen Beziehungen qualifizierter Entscheidungsträger mit positivem Image kombiniert mit einem regionalen Zusammengehörigkeitsgefühl können ein Kreatives Milieu entstehen lassen. Die lokale Innovationsfähigkeit wird durch das Veranlassen kollektiver Lernprozesse der Beteiligten gesteigert (vgl. Böhle, 2016, S. 85).

4.2 Beispiele erfolgreicher Branchencluster mit hohen Marktanteilen in der Weltwirtschaft

Im Jahre 2006 wurde von der Bayerischen Staatsregierung die Cluster- und Netzwerkinitiative „Allianz Bayern Innovativ" vorgestellt. Hauptmerkmal liegt auf dem Ausbau von Clusterplattformen zu 19 zentralen Branchen- und Technologiefeldern der bayerischen Wirtschaft, um so Kooperationen der Wirtschafts- und Wertschöpfungskette zu fördern (vgl. Floeting, 2008, S. 163). Das Ziel des Clusters ist es, Innovationen zu beschleunigen und die Wettbewerbsfähigkeit bayerischer Unternehmen zu stärken (vgl. http://www.bayern-innovativ.de/cnw/ueberuns/allgemein [10.01.2018]).

Bayern steckte 3,1 Mrd. Euro aus Privatisierungserlösen in den Ausbau dieses Clusters, dazu zählten Ausbauten von Hochschullandschaften und außeruniversitären Forschungseinrichtungen, eine Verstärkung im Technologietransfer zwischen Forschungseinrichtungen und Unternehmen sowie Förderung von Unternehmensgründungen.

Man kann diese 19 zentralen Felder in drei verschiedene Cluster unterteilen:

° Hightech-Cluster -> Biotechnologie, Luft- und Raumfahrt, Satellitennavigation, Umwelttechnologie, Medizintechnik, IuK

° Produktionsorientierte Cluster -> Automobil, Chemie, Leistungselektronik und Sensorik, Ernährung, Finanzdienstleistung, Medien, Energietechnik, Logistik, Bahntechnik, Forst und Holz

° Cluster in Querschnittstechnologien -> Nanotechnologie, Mechatronik/ Automation und Neue Werkstoffe

Die Materialwirtschaft ist in zahlreichen Branchen die Grundlage als Querschnittstechnologie für Innovation. Durch den oben erwähnten Ausbau von Entwicklungsstrukturen an Hochschulen und außeruniversitären Forschungseinrichtungen im Werkstoffbereich, war in den drei Hauptstandorten: Fürth, Würzburg und Bayreuth, die Entstehung des größten Clusters in der Region geboren „Neue Werkstoffe".

Die Fakten die aus Entstehung dieses Cluster resultiert sind sprechen für sich. Im Wettbewerb des Bundesministeriums für Bildung und Forschung (BMBF) zwischen 2015 und 2017 über die Internationalisierung von Spitzenclustern, Zukunftsprojekten und vergleichbaren Netzwerken, konnten sich vier Cluster erfolgreich durchsetzen, unter anderem das Spitzencluster MAI Carbon. BMBF förderte nach dem Wettbewerb die internationale Vernetzung durch Entwicklung von Internationalisierungskonzepten und deren Umsetzung in Projekten mit weltweiten Partnern mit jeweils bis zu 4 Mio. Euro über fünf Jahre lang. Die Sieger bauen bestehende Kontakte zu internationalen Kooperationen aus und wollen in gemeinsamen Forschungsprojekten Innovationsneuheiten realisieren.

Die Wettbewerbsfähigkeit der Unternehmen wird trotz Globalisierung wesentlich von lokalen Faktoren beeinflusst. Denn ein enges Branchennetz von namhaften Unternehmen, renommierten Technologie-Schmieden, spezialisierten Zulieferern, hervorragenden Universitäten und Hochschulen, fokussierten Forschungseinrichtungen sowie hochqualifizierten Fachkräften bildet ein gebündeltes Innovationspotenzial, konzentriert an einem Standort. Cluster bauen auf diese unschlagbaren Vorteile der räumlichen Nähe auf und fördern sie durch ihre tägliche Arbeit: die dichte Verzahnung von Wirtschaft und Wissenschaft in einer Branche oder einem Technologiefeld lässt innovative Ideen auf einen fruchtbaren Boden fallen, in einem optimalen Umfeld gedeihen und somit in einem günstigen Klima reifen (vgl. http://www.bayern-innovativ.de/cluster/flyer.pdf [10.01.2018]).

Die Herausforderung für die Cluster wird in den nächsten Jahren sein, ihre Bereiche weiter auszubauen und die Palette an interessanten Angeboten für die Unternehmen auszuweiten. Denn wichtig für diese Cluster ist es, dass die Unternehmen bereit sind die Clusterarbeit eigenständig mitzufinanzieren und die Cluster zu sich selbsttragenden Netzwerken werden (vgl. Floeting, 2008, S. 173).

Rahmenbedingungen, welche für das Wohl der Cluster sorgen, werden durch die Wirtschaftspolitik erarbeitet. Die Politik kann durch die Clusterorganisationen angeregt werden (vgl. Hauser, 2017, S. 21).

Das Bundesministerium für Bildung fördert fünf Spitzencluster mit bis zu 40 Millionen Euro pro Cluster. Die fünf Cluster werden anhand eines Cluster-Wettbewerbs, an denen 15 Cluster teilnehmen mit Hilfe einer unabhängigen Jury in drei Wettbewerbsrunden ausgewählt.

Es gibt keine Thematischen Vorschriften, die Auswahlverfahren erfolgt nach der besten Strategie für Zukunftsmärkte in den jeweiligen Branchen, in den das Cluster spezialisiert ist. Dr. Michael Rotgang (Gesamtprojektleiter der begleitenden Evaluation des Spitzencluster-Wettbewerbs) sagt im Interview, dass die Auswirkungen des Wettbewerbs positive Impulse für die angewandte Forschung in Bezug auf die gesellschaftlich bedeutsamen Felder entstanden sind.

Dadurch konnten die Akteure im Cluster zusammen Projekte manifestieren, die ohne der Bedingung nicht zustande gekommen wären. Die Akteure in den Clustern konnten neue Kooperationspartner gewinnen und arbeiten intensiver zusammen. Diese Effekte sind bemerkbar, jedoch kann man noch nicht die langfristigen Auswirkungen bezüglich des Wachstums und der Beschäftigung geben. Die Akteure können sich besser identifizieren welches durch die Auszeichnung als Spitzencluster ausgelöst wurde, dies regt zu gemeinsamen Aktivitäten an. Zudem wurden innerhalb des Wettbewerbszeitraums etwa 1500 Bachelor und Masterarbeitet sowie Dissertationen erarbeitet. Es konnte festgestellt werden, dass international Kenntnis entstanden und Interesse über die Spitzencluster erweckt worden ist, sodass Spitzencluster zu international gefragte Kooperationspartner geworden sind (vgl. Bundesministerium für Bildung und Forschung, 2015, S. 6, S. 86).

In Zeiten der Globalisierung sind Wirtschaftscluster für den Wohlstand einer Nation von besonders hoher Bedeutung. Zusammenwachsende Märkte und die Globalisierung ermöglichen den Unternehmen neue Möglichkeiten der Markterweiterung. Jedoch entwickelt sich durch die ausländische Konkurrenz ein hoher Wettbewerb unter den Unternehmen. Infolge globalisierter Prozesse steigt der Druck auf deutsche Unternehmen, konkurrenzfähig gegenüber ausländischen Mitbewerbern zu bleiben.

Durch die Bildung von Clustern bleiben Unternehmen wettbewerbsfähiger, da die Produktivität und Innovationskraft gesteigert werden kann. Die Qualität der Produkte und Dienstleistungen kann aufgrund von gegenseitigem Einfluss und Konkurrenzdruck sich im Cluster befindlicher Unternehmen gesteigert werden.

Es herrscht ein stetiger Wettbewerb, dadurch sind Unternehmen gezwungen fortlaufend Innovationen zu produzieren. Die gegenseitige Beeinflussung und der Austausch von Informationen, sowie die schnellere Erfassung von Trends mit entsprechend folgender Ausrichtungen der Unternehmen erhöht die Innovationskraft. Diese hierbei entstandenen Innovationen führen zu einer Stärkung in den Clusterstrukturen. Infolgedessen kann ein Innovationszyklus entstehen, der die Unternehmen konkurrenzfähiger im internationalen Wettbewerb macht.

Außerdem bietet ein Cluster Kostenvorteile. Kooperationen zwischen Produzenten und Lieferanten schaffen kurze Transport- und Kommunikationswege, welche Kosteneinsparungen zur Folge haben. Dementsprechend führen diese Kooperationen innerhalb des Clusters zu Wettbewerbsvorteilen gegenüber Unternehmen, welche keinem Cluster angehören. Außerdem führen schnellere Abläufe beim Initiieren von neuen Projekten zu Kosten- und Zeiteinsparungen auf vielen Ebenen innerhalb der Unternehmen.

Da Cluster häufig aus Unternehmen bestehen, die in einer gleichen oder verwandten Branche tätig sind, ist die Suche nach hochqualifiziertes Personal einfacher.

Die fortschreitende Globalisierung beeinflusst das lokale Phänomen „Cluster" in seiner Wichtigkeit. Die zunehmende Verbreitung von Kommunikationstechnologien macht lokale Wirtschaftscluster teilweise überflüssig. Allerdings ist lokale Nähe zum Beginn von wirtschaftlichen Partnerschaften von Vorteil, da das Wissen bei der Entstehung informell übertragen wird.

Beyer, David (2015): Kooperationserfolg in Clustern mit Netzwerkcharakter - Eine Analyse der Erfolgswirkung von Koordination und relationalen Quellen, Springer Fachmedien Wiesbaden GmbH, Wiesbaden, S. 25-28.

Bundesministerium für Bildung und Forschung (2015): Deutschlands Spitzencluster, S. 6-86.

Cernnavin, Oleg; Führ, Martin; Kantenbach, Martin; Hießen, Friedrich (2005): Cluster und Wettbewerbsfähigkeit von Regionen, Erfolgsfaktoren regionaler Wirtschaftsentwicklung, Duncker & Humbolt GmbH, Berlin, S. 22-23.

Böhle, Matthias (2016): Methoden, Netzwerke und Steuerung der Wirtschaftsförderung: Grundlagen für die Praxis, Springer-Verlag, S. 85.

Dannenberg, Peter (2007): Cluster-Strukturen in landwirtschaftlichen Wertschöpfungsketten in Ostdeutschland und Polen: am Beispiel des Landkreises Elbe-Elster und des Powiats Pyrzyce, LIT Verlag Münster, S. 32-33.

Die Gruppe von Lissabon (1997), Grenzen des Wettbewerbs, München Luchterhand Literaturverlag, kein direkter Autor genannt, S. 52-54.

Eduard, Hauser (2017): Clustermanagement, Wie Cluster die Innovation und die Wettbewerbsfähigkeit unterstützen, Springer Fachmedien Wiesbaden, S. 2-.

Floeting, Holger (2008): Cluster in der kommunalen und regionalen Wirtschaftspolitik, Deutsches Institut für Urbanistik; Auflage 1, 2008, S. 163-173.

Hartmann, Bernd (2016) Kommunikationsmanagement von Clusterorganisationen, Theoretische Verortung und empirische Bestandsaufnahme, Mit einem Geleitwort von Univ.-Prof. Dr. Ansgar Zerfaß, Springer Fachmedien, Wiesbaden, S. 76-86.

Kortum, Carsten (2016): Corporate Social Responsibility in industriellen Clustern: Akteure, Aktionen, Institutionen und Ergebnisse im Schuhproduktionscluster in Jinjiang, V.R. China, LIT Verlag Münster, S. 49-277.

Müller, Klaus (2002): Globalisierung, Campus Verlag; Auflage 1, S. 7.

Porter, Michael E. 1998): Clusters and the New Economics of Competition, Harvard Business Review, 1998, S. 3-97.

Porter, Michael E. (2008): Clusters and competition. New agendas for companies, governments, and institutions. In: Porter, M. E. (Hrsg.): On competition - Updated and expanded edition, Boston: Harvard Business School Press, S. 213.

(Rallet/Torre, 1999, S. 375 ff.).

Rosenfeld, S. A. (1997): Bringing business clusters into the mainstream of economic development. European Planning Studies, 5, S. 3–24.

Spät, Lothar (2003): Der Standort- Faktor, Wie Unternehmen durch regionale Cluster ihre Produktivität und Innovationskraft steigern, Mit einem Vorwort von Lothar Späth, WILEY-VCH Verlag GmbH & Co. KGaA, Weinheim, S. 21-80.

Wojda, Franz; Herfort, Inge; Barth, Alfred (2006): Ansatz zur ganzheitlichen Gestaltung von Kooperationen und Kooperationsnetzwerken und die Bedeutung sozialer und personeller Einflüsse, in Innovative Kooperationsnetzwerke, Deutscher Universitätsverlag, Wiesbaden, S. 6.

https://www.abendblatt.de/wirtschaft/article106886174/Daimler-und-die-Folgen-der-Globalisierung.html [04.01.2018]

http://www.bayern-innovativ.de/cnw/ueberuns/allgemein [10.01.2018]

http://www.bayern-innovativ.de/cluster/flyer.pdf [10.01.2018]

http://www.bpb.de/nachschlagen/zahlen-und-fakten/globalisierung/ [03.01.2018]

http://www.bpb.de/nachschlagen/zahlen-und-fakten/globalisierung/52842/aussenhandel [03.01.2018]

http://www.bpb.de/nachschlagen/zahlen-und-fakten/globalisierung/52842/aussenhandel [03.01.2018]

http://www.faz.net/aktuell/wirtschaft/unternehmen/branchen-14-logistik-die-gewinner-der-globalisierung-formieren-sich-1278431.html [03.01.2018]

http://www.faz.net/aktuell/wirtschaft/unternehmen/c-klasse-produktion-verlagert-daimler-probt-die-globalisierung-1892696.html [04.01.2018]

BEI GRIN MACHT SICH IHR
WISSEN BEZAHLT

- Wir veröffentlichen Ihre Hausarbeit,
  Bachelor- und Masterarbeit

- Ihr eigenes eBook und Buch -
  weltweit in allen wichtigen Shops

- Verdienen Sie an jedem Verkauf

Jetzt bei www.GRIN.com hochladen
und kostenlos publizieren